# जुबान ए दिल

KUCH KEHNA HAI

एल डिप्सोमैनियाको

Made with ❤ on the Notion Press Platform
www.notionpress.com

ज़ुबान-ए-दिल

एल डिप्सोमैनियाको

# क्रम-सूची


प्रस्तावना ........... ix

भूमिका ........... xi

पावती (स्वीकृति) ........... xiii

आमुख ........... xv

तभी तो इश्क का मज़ा आएगा

तेरा ख्याल

कुछ तो हुआ था

तो बात और होती

काफ़िर सा है

सब गया

प्यार की सज़ा भी तू

मुस्कुरा क्यू रहे ही?

कभी जागो रातों को

देखो ना कितने खुश हैं हम

लिया ही क्या है तूने

मेरा दिल तेरा ही तो है

जिद्दी वो समा था

तेरी नींद बड़ी है

कभी तो सांझ घुमाओ

इश्क है

मैं भाग कर जाऊँगा

जी चाहता है

# क्रम-सूची


तोड़ जाओ ना

जो तेरी कहानी है

हर शाम अधूरी है

मुझ से बेहतर की तलाश में

जनता ही कितना हूं

चल तेरी तारीफ करूं न

तुझ से बाते करूं

जिस्मों से परे

मैंने हिम्मत मांगी थी

मेरी नींद सी वो

चलना...

मेरी सारी फिक्र तेरी

तू कह तो सही

हकीकत से राब्ता तो है

एक घर था मेरा

दिक्कत यही है!

भुलाऊं तो कैसे?

किस्मत

प्यार तो बस इतना है

कोई दिल भी है?

मेरा कल बन जाना

प्यार तो बहुत था

# क्रम-सूची


और कोई क्या ही आएगा...

मेरे सनम

सज ही रहे होंगे

मेरी हकीकत है

चल मैं खामोश हुआ तो क्या

तुझसे मिला नहीं तो क्या?

अच्छी लगती है वो मुझे

तेरी जुल्फों से खेलू मैं

बस ऐसा सा ही कोई ला देना

हकीकत से राब्ता हुआ

तेरी मुस्कान पर मरता हूं

तुम्हें मालूम है

चाहा रहा है ना

नींद आधी है भी तो क्या?

चल मैं उदास भी हूं तो क्या?

तुझे खुद से ज्यादा प्यार करूंगा

चल ये बाते तो कहने की हैं

जो लोग कहते हैं

कल हो ही जाने हैं

सौदा थोड़ी है

तुझे देखूं मुस्कुराऊं

मन में शोर

# क्रम-सूची

एक रोज मेरी भी ऐसी हो

# प्रस्तावना

लेखक की इस पुस्तक से आप रोज मरहा की भाग दौड़ भरी जिंदगी में हज़ार तरह की इश्तिथियो, घटनाओं, मानसिक वा शारीरिक तनाव, एवं जज्बातों से गुजरते है। पर इस दौड़ भाग में भूल जाते हैं के हम इंसानों एक जो एक खासियत है। "महसूस करना और उसे बयान कर पाना" ।

अपनो को बताना और जताना के वो हमारे लिए कितना मैने रखते हैं। तो बस हम इस पुस्तक में अपने अंदर छुपे जज़बातो से रूबरू होंगे और उन्हे महसूस करेंगे।

तो आगे बेढ़ते हैं...

# भूमिका

मेरा मुझ पर और मेरे पास जो भी है

सब कुछ मेरे माता-पिता की वजह से है

मुझ में मेरा सारा का सारा अच्छा उन्हीं की वजह से है

और कुछ कमियां भी है

वो सारी कमियां सिर्फ मेरी हैं

और मेरी ही वजह से हैं

और आज मैं जो हूं

उन्हीं वजह से हूं

और इतना ही नहीं

मैं जो यहां इस जहान में रुका हुआ हूं

वो पहली वजह हैं

क्योंकि सब के जीवन मैं एक पल आता है

जब वो हार चुका होता है

सब से, है चीज से, खुद भी

पर फिर भी ना हारने का हौसला और हिम्मत मिलती है माता-पिता के होने से

मुझे कुछ वक्त पहले बोहोत जरूरत थी उस हौसले की उन्हे होने से ही मिली है

        और मेरी बेड़ी बहन

जो हेमश माँ की तरह

डांटती है, खयाल रेखती है

और हमेशा साथ दिया है

और उन्होंने ही

इस पुस्तक का कवर चुनने में सहायता की है

और एक वक्त था जब कोई नहीं था

और मुझे एक दोस्त की सबसे ज़्यादा ज़रूरत थी। तब उन्होंने मेरा साथ दिया। मुझे सुनना, समझाया, हौसला दिया। इसके लिया मैं हमेशा उनकी आभारी रहूंगी।

और एक हद्द तक इन्ही की वजह से मैं यह पुस्तक पूरी भी कर पाई हूं।

धन्यवाद दिप्त जी

(D.C) जी।

# पावती (स्वीकृति)

अन्य कुछ एहम भूमिका वाले शख्स जिनका मेरे लिखने और इस किताब को पूरा करने में काफी हद तक हाथ है और सहायक भी रही हैं।

उनके नाम हैं...

श्रीमती रेखा प्रवीण गोस्वामी (माँ), श्री श्रवण कुमार गोस्वामी (पिता जी), शोभा गोस्वामी (बड़ी बहन), स्मृति शर्मा (बड़ी बहन)

मेरी बिल्लू (मेरी बिल्ली) मेरी जैरी (मेरी कुटिया/पेट)

दिप्त जी (मित्र)

मेहक मधुकर (मित्र)

शाक्षी कुमारी (मित्र)

# आमुख

मेरा मुझ पर और मेरे पास जो भी है
सब कुछ मेरे माता-पिता की वजह से है
मुझ में मेरा सारा का सारा अच्छा उन्हीं की वजह से है
और कुछ कमियां भी है
वो सारी कमियां सिर्फ मेरी हैं
और मेरी ही वजह से हैं
और आज मैं जो हूं
उन्हीं वजह से हूं
और इतना ही नहीं
मैं जो यहां इस जहान में रुका हुआ हूं
वो पहली वजह हैं
क्योंकि सब के जीवन मैं एक पल आता है
जब वो हार चुका होता है
सब से, है चीज से, खुद भी
पर फिर भी ना हारने का हौसला और हिम्मत मिलती है
माता-पिता के होने से
मुझे कुछ वक्त पहले बोहोत जरूरत थी उस हौसले की
उन्हे होने से ही मिली है

# तभी तो इश्क का मज़ा आएगा

किस्से तो बहुत हैं, चलो एक सुनाता हूं

लोग बहुत मिलते हैं, चलो कुछ के बारे में बताता हूं

कुछ याद रहे जाते हैं, कुछ भुलाए नहीं जाते हैं

चलो इन्ही में से कुछ लम्हों से महरूम कराता हूं

के ढूंढो सारा जहान भी पर वो शक्श नहीं मिलता

मिलते लोग हजारों हैं, पर वो पल नहीं मिलता

उम्मीदें सारी छोड़ कर, सिमटे जब तुम बैठे हो

थक हारे जब तुम, खुद ही से ये बाते कहते हो

के बस हुआ, अब शायद ही... कोई उम्मीद मेरी है

कमी नही किसी में, पर... वो वाली बात अधूरी है

के... वो वाली बात अधूरी है

अब तो थक हार के बैठा हूं, तन्हाई मेरा साथी है

ऐसे ही कट जाएगी, इसमें क्या खराबी है

जब तुम खुद संग जीना सीख गए...

के,...जब तुम खुद संग जीना सीख गए

के हाए !

अब इश्क की बारी है

अब इश्क की बारी है

तू ढूंढ नहीं किसी को, फिर भी तुझसे वो टकराएगा

तू मूंह मोड़ेगा, वो भी अंजान होगा

फिर भी इश्क होगा

तभी तो इश्क का मज़ा आएगा

के हाए! फिर!

तभी तो इश्क़ का मज़ा आएगा

# तेरा ख्याल

अक्सर तेरे ख्यालों में उठता हूं
तेरी एक झलक को, पागल सा हो जाता हूं
मुझे अच्छा लगता है, और हर अंदाज़ में, तू प्यारा भी लगता है
पर तू दिल को तब भी भाता है, जब तू झल्ली सी होती है
मुझे तेरी मुस्कान प्यारी हैं, फिर आंसुओं का साथ भी
अगर आलसी या उलझा भी हूं कहीं, तो बस याद कर तू
जब तुझे ज़रूरत हो मेरी
कोई बंदिश नहीं है ना कोई बेड़ियां थी कभी
बस मुझे परवाह है तेरी मुस्कुराहटों से आंसुओं तक
पर कभी तुझे बंधुंगा भी
क्योंकि... जहान बचा है, तेरे तसव्वुर में देखने को
तू दिल में मेरे रहता है, और दूरियां चुभती भी हैं
फिर थोड़ा पागल सा करती भी है, पर जुदाई वाला सीन नहीं है
हमारा
क्योंकि मैं मुझे और फिर हमे जनता भी तो हूं
फिर...मैं मुझे और फिर हमे जनता भी तो हूं

(à mon amour quelque part)

# कुछ तो हुआ था

मेरी रोई थी, फिर थोड़ा... मैं भी रो लिया

आँखों में आंसू भर के... फिर थोड़ा खुश भी हो लिया

चल फिर तुझ से महरूम हुआ

मेरी रूह भी तो मैंने खोली थी ना

जब तुमने मेरा दिल मांगा, तो... ये लो... भी तो

मैंने बोला था ना

फिर तुझ पर मैंने मेरा मुझ पर जो था...

के, फिर तुझ पर मैंने मेरा मुझ पर जो था...

वो भी तो सब, वार दिया था ना

फिर क्या जाने भूल हुई

के किस्मत ने ऐसा मोड़ लिया

के जो भी मेरा मुझ को था

तुझ संग ही सब छूट गया

के तुझ संग ही सब छूट गया

क्यू तुझ से अब कोई शिकायत हो

के मेरा अब कोई रोल नहीं

चल तू अब आज़ाद हुआ, पर पहले भी कोई बंदिश न थी

ख़ैर हुआ, जो होना था

शायद रब की ये ही मर्जी थी

तुझे मेरे, मुझे तेरे प्यार की, मिलनी इतनी ही अर्ज़ी थी

चल एक किस्सा तो खत्म हुआ

अब दूसरा लिखता हैं

किसी को ढूंढने वाला हिसाब नहीं हैं

पर चल, चल ना...
किसी की राह तकते हैं
किसी की राह तकते हैं

# तो बात और होती

मेरी हर सुबह को उसके तसव्वुर से सवारता
तो बात और थी
मेरी शामो को उसके दीदार से महरूम करता
तो बात और थी
मेरी मुस्कुराहटों को उसकी हसीं से सजाता
तो बात और थी
मेरी रूह को उसकी मौजूदगी से नवाजता
तो बात और थी
मेरे चंद लम्हों को उसकी ता उम्र से बसाता
तो बात और थी
मेरे दर्द को उन जख्मों सा ना करता
तो बात और थी
तो बात और होती

# काफ़िर सा है

एक उम्र बिताई हो साथ जिसके

एक ज़िंदगी सजाई हो साथ जिसके

जो घर हो तेरा, वो टूटता दिखे

सारी उम्र का साथ, पल में छूटता सा दिखे

राते आंसुओं में

हसी और दर्द जब... मुस्कुराहटों के पीछे

दबने और छुपने... सी लगे

यादों का कारवां गुजर सा हो

और बातों का जजीरा भी

पर अल्फाज़ छुपे से हो और होंठ सिले से भी

ज़िंदगी हसीन हो और साथ ही दर्द भी

मुस्कान चेहरे पर हो, अल्फाज़ खत्म भी

तो क्या कहियेगा?

क्यू ही कहियेगा?

के बस

एक मुसाफिर सा है

हसीन दर्द से महरूम

काफ़िर सा है

के हाए!

बस

एक मुसाफिर सा है

हसीन दर्द से महरूम

काफ़िर सा है।

# सब गया

तू रोले, तू चीख, तू लड़ ज़रा

अंदर जो तेरे है... दर्द भरा

तोड़ चुप्पी, कुछ तो कहे ले ज़रा

मेरा सारा का सारा

जहान सा मिट गया है

जो मिला था, वो खुदा भी

मुझ से रूठा अब यहां है

मैं कहता हूं

में सुन तो ज़रा... ये

तूने मांगा जो, मैने ज्यादा ही दिया था

तू हसी जो, तो मैंने हसी का कारवां सा कर दिया था

तू चला जो, तो मैंने नक्शा सा कर दिया था

तू गिरा जो, तो मैंने बिस्तरा सा कर दिया था

फिर क्यू तू गया?

तू गया, तो गया, तो गया, तो फिर सुक्कून भी गया

तू आया, तो आया, तो आया, तो फिर आया जुनून

हो ठंडी पढ़गी, जो तेरी थी सारी सदा

हो पीछे रहे गई हैं, जितनी थी तेरी वफ़ा

सब गया

# प्यार की सज़ा भी तू

मिले तो अजनबी थे, फिर कुछ बाते हुई

फिर कुछ दफा मिले भी, के तब कुछ शामे अच्छी लगी थी

सिल-सिला चला, वक्त भी गया

फिर बातों से, बाते हुई

हां, मिले मिले, फिर मुलाकाते हुई

शाम जब ढली, रात हो चली, रात लम्बी लगने लगी

सुबह का इंतजार भी बढ़ने लगा

जो सोचा न कभी वैसा कुछ लगने लगा

जो किसी रोज़ तू दिखता नहीं

बेचैन सा होने लगा

कोई बिमारी या आदत बुरी है

ऐसा कुछ लगने लगा

फिर ऐसा सा कुछ लगने लगा

वो आदत है मेरी, जिसके बिना मैं

अधूरा सा पढ़ने लगा

फिर अधूरा सा पढ़ने लगा

कैसे कहूं!, बताऊं मैं क्या?

क्या मुझको होने लगा था

जो भी था

ख़ैर!

मेरी मुस्कुराहटों में झलकता है तू

मेरे आंसुओं में छलकता है तू

मेरे दर्द की वज़ह भी थी और फिर तेरे होने का सुक्कून भी

जीने की वजहा भी थी, और फिर प्यार की सज़ा भी तू
के फिर प्यार की सज़ा भी तू

# मुस्कुरा क्यू रहे ही?

मुस्कुरा क्यू रहे ही?
कोई दर्द नहीं है क्या?

ज़िंदगी है
इसमें दर्द भी है, तो क्या?
दर्द है
तो आदत भी पड़ जाएगी
नहीं भी पड़ी, तो क्या?
ज़िंदगी है
यूं ही
कहीं न कहीं
कैसे न कैसे
कट ही जाएगी
हां! कट ही जाएगी

# कभी जागो रातों को

कभी कभी जागो रातों को भी

थोड़ा ही सही

दिल को सुकून मिलता है

आधा सा जो दिल है

उस ही का

हिस्सा मिलता है

कभी बैठो, फुरसत निकालो

चांद भी बाते करता है

चांदनी में उसकी, कोई अपना सा मिलता है

जो बाते अधूरी थी

उनका जवाब खुद ही से मिलता है

बैठो, बैठो ना ज़रा

रोलो थोड़ा, थोड़ा मुस्कुराओ भी

यादों में खो जाओ किसी की

किसी को भुलाओ भी

जितने भी गम, गिले, शिक्वे हैं

खुद ही को बेतलाओ भी

जो है

जी लो, आज अभी

फुर्सत से कल किसने देखा है

कभी तो जागो रातों को

थोड़ा ही सही

दिल को सुकून मिलता है

दिल को सुकून मिलता है

# देखो ना कितने खुश हैं हम

देखो ना कितने खुश हैं हम
चेहरे पर मुस्कान भी है
हां... देखो
देखो ना कितने खुश हैं हम
चेहरे पर मुस्कान भी है
वो बात अलग है...
के दिल में आग लगी है
आंखों में छुपे आसूं भी हैं
और बिखरे भी हैं
टुकड़ों में हैं हम
पर
चट्टान से हम अब भी हैं
पानी सा शीतल
समुद्र सा विशाल
मन, हृदय, अब भी है
पर हिम्मत नही बची है, कोई
के फिर से टूट बिखर जाएं
जग से तो हम जीत भी लें
पर, तुझ आगे हम हारे हैं
पर, तुझ आगे मैं हारा हूं

पर
देख न कितने खुश हैं हम
चेहरे पर मुस्कान भी है...

# लिया ही क्या है तूने

लिया ही क्या है तूने

बस तू ही तो गया है

ऐसा

लोग कहते हैं

उन्हे क्या पता

मेरा क्या गया है

तू, समाया हुआ है

मुझ में

मेरा सुकून, मेरा दिल

मेरी अर्जी, मेरी मर्जी भी

मेरा पूरा का पूरा जहान भी

तुझ संग गया


मेरा दिल भी, जिसका सुकून तू ही तो था

पर दिल में तेरे होने का सुकून अब भी है

और लोग कहते हैं

के तू ने लिया ही क्या है?

के

बस तू ही तो गया है

# मेरा दिल तेरा ही तो है

ले तेरी भी सारी हसरते

मैं, पूरी किए देता हूं

ज़िंदगी से अपनी

अपनी जिंदगी का हिस्सा

तेरे नाम किए देता हूं

फिर उस पे भी

सवाल ये उठता है

के, उस पर भी सवाल ये उठता है

ज़िंदगी का हिस्सा ही क्यू?

सिर्फ वक्त ही क्यू?

इससे होता ही क्या है?

के ले

तेरा सवाल भी हल किए देता हूं

के मेरा है ही नही

जो पहले ही तुझे दे दिया था

जिसमे तू रहता है

और जो तेरे ही पास है

फिर उसे कैसे? अपना कह कर

सिर्फ एक टुकड़ा उसका, तुझे देदू मैं

मेरा दिल तेरा ही तो है, तेरे पास ही हो है

मेरा दिल तेरा ही तो है, तेरे पास ही हो है

# जिद्दी वो समा था

जिद्दी वो समा था
जिद्दी तो एक रोज़ हम भी थे
ना जाने कौन सा नशा
कौन सा जुनून रग रग में था
उम्र बड़ी, लोग मिले
सुनी कई कहानियां भी
कुछ ज्ञान, कुछ प्यार
कुछ में नाकम्याबियां भी थी
कुछ ने बोला बदल-जा
कुछ ने बोला मंज़िल ही बदल-ले
के ये रास्ता हर किसी के, बस की नही
सोचा तो मैंने भी यही
बस इन कहानियों ने वजह दे दी
मालूम तो था मुझे भी के
रास्ता कुछ महरूम सा नहीं
और कुछ अलग सा भी है
और सच ही तो कहा था
किसी ने कहा के, हर किसी के बस का भी वो नहीं है
फिर मुस्कुरा कर की मैंने खुद से ही
के तू
सब से अलग ही तो है
के तू
सब से अलग ही तो है

# तेरी नींद बड़ी है

इतनी भी क्या?
कितनी ही...
तेरी नींद बड़ी है
के कितनी ही बार तुझे
तेरे अधूरे सपने से
तेरे अधूरे सपने के लिए
तुझे जगाऊं मैं
तुझे जगाऊं मैं

निंदा भी है
शर्मिंदा भी हूं मैं
इसलिए नही
के, मेरे बस का नही था
पर इसलिए
के तेरे बस में था, फिर भी
ना जाने कौन सा सुकून
तुझे तेरी नाकामयाबी में था
के...
ना जाने कौन सा सुकून
तुझे तेरी नाकामयाबी में था

के तेरा
तेरे... आज कल से

जी ही नही भरता था
के तेरा
कभी नही
तेरे आज कल, आज कल से जी भरता था।

# कभी तो सांझ घुमाओ

कभी तो सांझ घुमाओ

अरे सनम जी, सांझ ढले तो
पास आके बैठ करो
कभी तो हम को रात घुमाओ
कभी तो आओ बाते करो
कभी तो हम को रात घुमाओ
कभी तो हम से बाते करो

थोड़ा सा लड़लो, थोड़ा झगड़
थोड़ा सा लड़लो, थोड़ा झगड़लो

कभी तो आके पास में बैठो
कभी तो सांझ घुमाया करो
कभी तो आके पास में बैठो
कभी तो सांझ घुमाया करो...

# इश्क है

इश्क है

पर ये तो इश्क है
कहां किसी का ज़ोर था
दूर थे, फिर भी
दिलों में, मोहोब्बतो का शोर था
हारे जरूर ज़माने के हुए थे
फिर भी मोहब्बत में हारे नही
जीत के दिल यारो का
यार की मुस्कुराहटों में
झलकते रहे
आंसुओं में बहते रहे
दूर थे अपनी मोहब्बत से
फिर भी यूं कहते रहे
मेरे यार सा ना कोई
मेरे प्यार सा ना कोई

# मैं भाग कर जाऊँगा

मेरे दिलबर की कोई न
इख़्तला मुझे दो
मैं भाग कर जाऊँगा
उसे सीने से लगाने
के यूं कस्मे जो टूटेंगी
मुझे न बताना
लौट ना पाऊँगा फिर
चाहे हजार जंजीरे लगाना
देखले खुदा तू भी

तेरे ही बंदे ये भी हैं
मोहोब्बत जिसके लिए
तू ने जहां बनाया
आज उसी के दुश्मन
ये भी हैं
हम तो सिर्फ
हां! हम तो सिर्फ
हादसों का शिकार हैं

ये तो इनकी सोच है
जो इतनी बिमारी है
हां!...
ये तो इनकी सोच है
जो इतनी बिमारी है

# जी चाहता है

आज फिर टूट के, बिखर कर, सिमटने को... जी चाहता है
मुस्कुराऊं तुझे देखकर, रोऊं तेरी याद में... जी चाहता है
मरने मिटने सा जुनून तो नही, पर सानों से मुर्दा हो गया हूं
अधूरा कौन किसके बिना होता है, पर पूरा भी नहीं हूं तेरे बिना

# तोड़ जाओ ना

इश्क की गलियों में आज फिर
लौट आओ तुम
के शामें भी वही हैं
दर्द भी है पुराना ही
के बार फिर से
दिल को छू कर
तोड़ जाओ तुम
तोड़ जाओ ना

# जो तेरी कहानी है

बारिश की बूंदों को
मुझ पर गिर जाने दो
गम जो पुराने हैं
उनको खुल जाने दो
लब से बयां कर तू
जो तेरी कहानी है

हाए!
बारिश की बूंदों को
मुझ पर गिर जाने दो ना
गम जो पुराने हैं
उनको खुल जाने दो ना
लब से बयां कर तू
जो तेरी कहानी है

कर देना बयां
कर ना....

# हर शाम अधूरी है

हर शाम अधूरी है
तेरे नूर के बिना
कोई मुस्कान न पूरी है
तेरी मुस्कान के बिना
रोशनी भी यहां कहां?
जिसमे तेरा वजूद ना हो
कहने को तो
खुद ही में पूरा हूं
पर वो सांस ही क्या
जिसमे तेरा सुरूर न हो

# मुझ से बेहतर की तलाश में

दिल भी वही हैं, जख्म भी वही हैं

बस ख्याल नए हैं

फुर्सत वही है, हालात वही हैं

बस जज़्बात नए हैं

शक्ल भी बदली है थोड़ी

अंदाज़ भी नए हैं

खयाल अब भी है तेरा

पर तुझसे बेगाना हूं

जनता अब भी हूं तुझे, पर

तेरी शक्षियत से गैर हूं

तूने खूब खेला है मुझसे

क्योंकि काम की चीज़ हूं सोचकर

फिर तूने छोड़ा भी था मुझे

मुझ से बेहतर की तलाश में

# जनता ही कितना हूं

अल्फ़ाज़ कम पढ़ जाएंगे
जो तुझको लिखने बैठूंगा
जनता ही कितना हूं
जानूंगा तो अल्फ़ाज़ ही खत्म हो जाएंगे
अच्छा बुरा कुछ ज्यादा मालुम नहीं
चलो वो तो एक बात और है
पर जितना तुझसे महरूम हुआ मैं
होने को वो भी काफी है
सब की शक्षियात अलग होती है
तेरी तो बात ही और है
पर... तेरी तो बात ही और है

# चल तेरी तारीफ करूं न

चल तेरी तारीफ करूं न, पर सच भी तो कहने दे ना
जितना तुझको सुनता हूं, कुछ अलग सा है
बतलाने दे ना
तेरी मुस्कानों में छुपकर, मुझको भी मुस्काना है
कभी मिलो मुझसे, बाते करो, पास तो बैठो...
के मुझे तुम्हे जानना है
जब भी मुस्काए... हाए!
तू खूबसूरत बहुत है, फिर तेरी सूरत भी अच्छी है
तेरी आवाज प्यारी है, फिर तेरी बातें भी तो अच्छी हैं ना
अच्छी हैं हां

# तुझ से बाते करूं

छेड़ूं तुझे, तुझ से बाते करूं

मैं खुद ही बंदा उलझा हूं

चल मन की अपने बात करूं

सुबह तेरे चेहरे से, मेरी आँख खुल जाए तो

दिल की पहली चाय, तेरे होंठों से लगकर आए तो

थकी-हारी शाम मेरी, तेरी बाहों में सिमट जाए तो

शाम ढले, रात चढ़े हैं, तेरे होने का सुकून, फिर सुकून दिलाए
तो

तेरी मुस्कानों में, मैं झलक जाऊं तो

आंसुओं की वजह कुछ भी हो, तेरी तसल्ली मैं बन जाऊं तो

मेरी रूह को सुकून बड़ा है

मेरी रुक को, फिर सुकून बड़ा है

# जिस्मों से परे

जिस्मों से परे, एक रूह वाली मोहब्बत भी,
एक मोहब्बत होती है, जिसका कोई मुकाम नहीं
फिर भी बस होती है

# मैंने हिम्मत मांगी थी

मैंने हिम्मत मांगी थी, कुछ भी चाह कर, कर पाने की

तूने तो तजुर्बा दे दिया
सब कुछ दिखा कर

# मेरी नींद सी वो

बस एक उसका इंतजार है
पर अब वो भी बेवफा सी लगती है
पहले किसी के खयालों में थी
अब किसी की यादों में है
मेरी नींद सी वो

# चलना...

चलना...
शुरू से शुरू करते हैं

# मेरी सारी फिक्र तेरी

मेरी सारी फिक्र तेरी
तूने कुछ तो सोचा ही होगा

# तू कह तो सही

तू कह तो सही... मुझे सुनना है

# हकीकत से राब्ता तो है

हकीकत से राब्ता तो है,... पर
मनु कैसे?

# एक घर था मेरा

एक घर था मेरा... दिल में तेरे
...था...

# दिक्कत यही है!

मैं बहुत ज्यादा प्यार करता हूं उसे
दिक्कत यही है!

# भुलाऊं तो कैसे?

# किस्मत

किस्मत
वो तब मिले, जब उसे मुझसे प्यार हो
और
मैं तब मिलू, जब मुझे उसे प्यार न हो

# प्यार तो बस इतना है

प्यार तो बस इतना है
के वो सांसो में बसा हुआ है
और दिल में धड़कता है

# कोई दिल भी है?

मेरी मां मेरा जहान है
मेरे पिता मेरा आसमान
मेरी बहन मेरा गुरुर
और वो
वो... मेरा घर था...
कोई दिल भी है?

# मेरा कल बन जाना

तू मेरी दवा, मेरा जवाब न बन सके
तो बस मेरा खयाल, फिर मेरा कल बन जाना

# प्यार तो बहुत था

प्यार तो बहुत था
इतना के... अब दर्द होता है
और फिर से... दर भी लगता है

# और कोई क्या ही आएगा...

इस भरे हुए दिल में एक अर्से के बाद
मेरे लिए थोड़ी थोड़ी जगह बन रही है
मैं ही नहीं हूं इसमें अभी
और कोई क्या ही आएगा...

# मेरे सनम

अगर तू मेरा जवाब नही बन सके
तो बस ख्याल बन जा
तेरी खुशी में एक उम्र बिताई है
तेरी खुशी, तेरे खुश होने के ख्याल से
एक उम्र और गुज़ार लेंगे
मेरे सनम

# सज ही रहे होंगे

तेरी रज़ा में शामिल न हुआ तो क्या?
किसी का ख़्वाब बनकर तो सज ही रहे होंगे

# मेरी हकीकत है

ख्वाब देखे थे उसके एक रोज मैंने
अब वो मेरी हकीकत है

# चल मैं खामोश हुआ तो क्या

चल मैं खामोश हुआ तो क्या?
तुझे मेरी चुप्पी तो पढ़नी आती थी ना
मैं तो खुद से ही नाराज हूं
पर तुझे मेरी नाराजगी तो समझ आती है ना
मेरी रूह थक गई है
एक उम्मीद के टूटने से
तुझे मेरी थकान तो समझ आती है ना
तुझे मेरी थकान तो समझ में आती है ना

# तुझसे मिला नहीं तो क्या?

तुझसे मिला नहीं तो क्या?

तू अपना सा लगता है

तू बोलता कम है पर,

तेरा हाय! ही इतना अच्छा लगता है

तुझे काम बहुत है, फिर तू उलझा सा भी रहता है

मुझे काम बहुत है, फिर बहुत कुछ करना भी तो है ना

इस भागदौड़ की उलझन में

तेरे एक कॉल या मैसेज से,

थोड़ा ही सही, मुस्कुरा लेता हूं

हां... थोड़ा ही सही, मुस्कुरा लेता हूं

# अच्छी लगती है वो मुझे

अच्छी लगती है वो मुझे
फिर वो अच्छी भी... तो है ना

# तेरी जुल्फों से खेलू मैं

भरी दोपहर पेड़ की ठंडी छांव में

तेरी जुल्फों से खेलू मैं

तेरी जुल्फों में उलझू तो, खुद ही में... सुलझाता जाऊं मैं

दुनिया भर की बातें हो... हो कोई परेशानी भी

तो तेरे होने के ख्याल भर से

एक तसल्ली सी पाऊं मैं

जरूरी नहीं के तू उलझनें सुलझाएगा मेरी

बस फर्क है, के उलझनों में ही सही

एक मुस्कुराहट के साथ जी सा जाऊंगा मैं

# बस ऐसा सा ही कोई ला देना

बर्तन, झाड़ू, पौंछे, घर के काम वाली
मुझे ढूंढ कर मत देना
जिसका दिल अच्छा हो, मेरा घर उसका अपना हो
मेरा परिवार उसका अपना हो
ऐसा मुझको ला देना
जिसका मुझे ख्याल हो, उसे भी मेरी परवाह हो
बस ऐसा सा कुछ ला देना
बस ऐसा सा ही कोई ला देना

# हकीकत से राब्ता हुआ

खूबसूरत बहुत था वो, फिर मैंने उसका दिल देखा
मुस्कुराता अच्छा था वो, फिर मैंने उसकी हसी देखी
उसकी आवाज अच्छी थी, फिर मैंने उसकी बातें सुनी
मालूम बहुत कुछ था उसे, फिर मैंने नजरिया सुना उसका
फिर मुझे उससे सुकून और उसकी मौजूदगी से इश्क हुआ ही
था
के आंख खुली और फिर हकीकत से राब्ता हुआ
के फिर हकीकत से राब्ता हुआ

# तेरी मुस्कान पर मरता हूं

चल माना के शोर बहुत है, पर तेरी मुस्कान पर मरता हूं
तुझ से मिला नहीं तो क्या, पर तुझसे अपने दर्द का इज़हार तो
करता हूं ना
माना के कोई नाम नहीं, पर मन पूरा तो सच्चा है ना
चल तेरी तस्वीर से ही सही, पर अपना राब्ता तो अच्छा है ना
अपना राब्ता तो अच्छा है ना

# तुम्हें मालूम है

किसी रोज़ आंखें खुलेंगी, तो आंखों के सामने...
तू होगा ना...
एक रोज़ ऐसा भी,
ऐसा भी होगा, बोलो न
माना के थोड़ा बचकाना, थोड़ा सा नादान भी हूं
पर तुम जानते हो, प्यार होगा, जब होगा
पूरा ही होगा
तुम्हें मालूम है, कहे दो ना
चल माना की ये सब, मैं खुद ही से कहता हूं
पर मिलोगी जब
जब भी वो दिन होगा, सब कुछ तुमसे कह दूंगा
तुम हो, कहीं तो हो, ये मान लूं न
तुम हो, तुम कहीं तो हो, चल ये मान लेता हूं न

# चाहा रहा है ना

अस्सी तो कल्ले भी खुश हैं

पर तू ओ दे नाल होकर भी, की खुश हां

मेरी तरह तो कौन ही मरना है

पर थोड़ा ही सही, की ओ तेरी मुस्कान तो मरता है

मेरी तरह तो कौन ही प्यार करना हां,

चल झूठी ही सही क्या वो नुमाइश करता है

मेरी वर्गी तेरी परवाह किसी तो नहीं होनी है

पर थोड़ी ही सही, कह देना, वो परवाह करता है

चल एता रब दी मर्जी मान के असी तो तसल्ली कर लेंगे

आज नहीं तो कल पहले से कम मर लागे

पर क्या तू

तूने मुझे और फिर हमें यूं ही पल में गुज़रा कल किया

इसी ख्याल संग, जी तो पा रहा है ना तू

बोल दे

बोल देना

तू थोड़ा ही सही, पर तेरी पूरी शिद्दत से

किसी और को चाहा रहा है ना

# नींद आधी है भी तो क्या?

नींद आधी है भी तो क्या?
आंखों में चेहरा तेरा है
इश्क हो जरूरी नहीं
तेरे होने से, पर दिल में एक सुकून सा ठहरा है
चल माना कि मुझको... सब कुछ अच्छा लगता है
हां!... हां!... जानता हूं... तुझको ऐसा लगता है
तो चल... ले मानी तेरी मैने
पर सच है... मुझे कुछ... कुछ में
कुछ...
तुझ में खास ही है
जो तू मुझको अच्छा लगता है
पर सच मेरा... तू मानता नहीं है
और मानता भी है... तो जताता नहीं है
एक सच फिर ये भी तो है
के मिला नहीं हूं तुझसे मैं
फिर जरूरी भी नहीं
पर तू अपना सा लगता है
बस तू अपना सा लगता है

# चल मैं उदास भी हूं तो क्या?

चल मैं उदास भी हूं तो क्या?
मेरी मुस्कान भी अब तेरी कहां है!
मैं जितना ही तेरा था
तू उतना ही गैर है अब
किस्मत का ही तो खेल है सारा
कल तक उसकी दुआ था तू
अब गैर है
हां...
गैर है तू

# तुझे खुद से ज्यादा प्यार करूंगा

एक रोज आंखों में उसकी देखूंगा

मुस्कुराऊंगा उसको देख कर, फिर उससे सब कुछ कह दूंगा

फिर उसकी मुस्कान की वजह भी बनूंगा

मेरे मां-बाप से ज्यादा तो कौन और मैं क्या ही किसी को

प्यार करूंगा

पर वादा है, सांसो सा लाज़मी करूंगा

तेरी मुस्कुराहट, तेरे आंसुओं संग ढलुंगा

तुझे खुद से ज्यादा प्यार करूंगा

हां मैं...

तुझे खुद से ज्यादा प्यार करूंगा

# चल ये बाते तो कहने की हैं

चल ये बाते तो कहने की हैं
तेरा-मेरा, घर-बार अब से हमारा है

# जो लोग कहते हैं

जो लोग कहते हैं... असी तेनु कभी छोड़कर नहीं जाएंगे
वही सब तो पहला छोड़कर जाने हैं

# कल हो ही जाने हैं

असी मर चुके तेरे बिना कहने वाले भी
चंगे आज नहीं तो कल हो ही जाने हैं

# सौदा थोड़ी है

इश्क है... सौदा थोड़ी है
के नापतोल के कर लेंगे
आशिका है... फकीर थोड़ी हैं
के कम में भी मर्जी कर लेंगे

# तुझे देखूं मुस्कुराऊं

तुझे देखूं मुस्कुराऊं

तुझे छू, तर जाऊं

ना हुस्न की भूख

ना तन की मुझको कोई आस है

तुझसे बातें करने वाली, बस मुझको ये प्यास है

तू मुस्कुराहटों की बारिश है

फिर इश्क का समंदर भी

मैं तो माना ही बैठा हूं

बस एक तेरी हां की ही देर है

मुझे कोई जल्दी नहीं

पर बेसब्र तो हूं मैं

तेरे एक दीदार को

बेताब भी हूं मैं

तुझसे मिलकर... बातें करने को

बस एक तेरी हां का इंतजार है...

बस तेरी एक हां का ही तो इंतजार है...

# मन में शोर

बहुत कुछ बिखरा हुआ है मुझ में
बहुत हिम्मत करके, बहुत हिम्मत से समेटे हुए हूं
बस कभी-कभी थक कर

बिखर कर, टूट के, बिखरने को... जी चाहता है
जब कभी

हिम्मत से सब्र छूटता है
आंखों से आंसू
होठों पर चुप्पी
दिल में पत्थर
मन में शोर
फिर चेहरे पर हंसी
होठों पर मुस्कान
और फिर बातों में बुरा ही सही मजाक झलकता है..

# एक रोज मेरी भी ऐसी हो

सुबह उठू तो आंखों के सामने चेहरा उसका हो

आंखें खोले वो तो, चेहरे पर उसके मुस्कान हो

मैं भी उसको जी भर देखूं, जैसे यही अगर पल मेरा आखरी हो

लड़ भी ले तो, आवाज में नर्मी, बातों में परवाह, डांट में हक

फिर अपनापन सा हो

सुबह की पहली चाय या फिर उसकी कॉफी, ग्रीन टी या कुछ

और भी हो, तो

मुझको सब मालूम हो

उसके कुछ कहने से पहले

बस सोचे वो, और फिर उसके सामने हो

अब मन बांधे और कुछ खाए तो

उसमें से कुछ की चोरी हो

फिर मुझ को डांट कर वो, अपने हाथों से खिलाए तो

दिल को एक तसल्ली, फिर बहुत से भी ज्यादा सुकून हो

हाय! हो तो ऐसी सुबह, एक रोज़ मेरी हो

हां! हो तो किसी सुबह को एक रोज मेरी भी ऐसी हो

आप सभी का इस पुस्तक को आखिर तक पढ़ने के लिए, मैं तहे दिल से आभारी हूं।

आप सभी का धन्यवाद।

Follow for more on instagram
@el.dipsomaniaco2.0

Follow for more on youtube @el.dipsomaniaco2.0

Leave comments for what you would like to hear about.

Thank you all for your love and support.